Otros Poemas Sencillos

More Simple Poems

Otros
Poemas Sencillos

More
Simple Poems

Carlos F. Tarrac

Otros poemas sencillos - More Simple Poems

Copyright © 2013 by Carlos F. Tarrac. All rights reserved. No part of this book may be reproduced, stored, or transmitted by any means, whether auditory, graphic, mechanical, or electronic, without written permission of both publisher and author, except in the case of brief excerpts used in critical articles and reviews. Unauthorized reproduction of any part of this work is illegal and is punishable by law. Photographs and drawings: C. Tarrac.

Front cover: Ensenada, Baja California, and Jalisco, Mexico.

© Todos los Derechos Reservados 2013 por Carlos F. Tarrac. Ninguna parte de este libro puede ser reproducida, almacenada o transmitida por cualquier medio, ya sea auditivo, gráfico, mecánico, electrónico o escrito, sin permiso del editor y del autor, salvo en el caso de los extractos utilizados en breves artículos críticos y revisiones. La reproducción no autorizada de cualquier parte de este trabajo es ilegal y punible por la ley. Fotografías y dibujos: C. Tarrac. Portada: Ensenada, Baja California y Jalisco, México.

Foreword/Prólogo: Iliana Sonntag Blay.

ISBN: 978-0-9892127-0-0 (print)
ISBN 978-0-9892127-1-7 (e-book)

Unique Artistic Creations Showcase,
San Diego, California.
E-mail: publishers@outlook.com

Printed in the United States of America.

ACKNOWLEDGEMENTS

With gratitude to the following people:

Norma Robles Zumaya, for her love and advice.
Marian Jackson and Amber Tarrac, for reviewing the translation. Dr. Margarita V. Ponce, for her teachings and comments.
Iliana Sonntag Blay, for writing the foreword.
Francisco Pérez Duque, for his teachings of Spanish grammar.

My friends and colleagues, for their support.

AGRADECIMIENTOS

Con gratitud a las siguientes personas:

Norma Robles Zumaya, por su amor y consejo.
Marian Jackson y Amber Tarrac, por la revisión de la traducción.
Dra. Margarita V. Ponce, por su guía y comentarios.
Iliana Sonntag Blay, por la escritura del prólogo.
Francisco Pérez Duque, por sus enseñanzas de gramática española.

A mis amigos y colegas, por su apoyo.

CONTENTS/CONTENIDO

Acknowledgements --- 6
Agradecimientos --- 7
Foreword --- 11
Prólogo --- 13
Introduction --- 16
Introducción --- 17
Dry Rose --- 18
Rosa Seca --- 19
After --- 20
Después --- 21
Loneliness --- 22
Soledad --- 23
Learning To Forget You --- 26
Aprendiendo A Olvidarte --- 27
Forgotten Mail --- 28
Correo Olvidado --- 29
Sounds In Time --- 32
Sonidos En El Tiempo --- 34
The Captain --- 36
El Capitán --- 37
The Naughty Bird --- 38
El Pajarraco --- 39
Glasses At Sea --- 42
Copas En El Mar --- 43
Waiting For Your Absence --- 44
Esperando Tu Ausencia --- 46
Return --- 48
De Regreso --- 50
Please Call Back Later --- 52
Favor De Llamar Más Tarde --- 53
One More Moment --- 54
Un Instante Más --- 55
I Want To Tell You --- 56
Te Quiero Decir --- 57
Small Hummingbird --- 58
Pequeña Chuparrosa --- 59
Distraction --- 60
Me Voy A Aturdir --- 61
Glossary --- 63
Glosario --- 65

FOREWORD

Carlos Tarrac is a sensitive soul and an inspired educator. His book *More Simple Poems* expresses his love of nature and passion for life. Without puns or inscrutable metaphors, the poet makes us feel his dreams, longings, sorrows and hopes.

"The Dry Rose", "Solitude", "The Naughty Bird" and "Little Hummingbird" express the author's feelings about an experience that is common to all of us if we open our eyes and sharpen our senses. Each one has a moral and leaves room for the reader's imagination.

For example, what is "The Dry Rose" about? It speaks to the vanity of being young, fresh, and the disillusionment of having become a caricature of its own former self with the passage of time. It is a teaching about the fleeting passage of youth.

"Solitude" is a deep poem in which the protagonist tries unsuccessfully to get rid of loneliness. It makes us think we all are born alone and need to surround ourselves with our loved ones to deal with the lurking loneliness. In this poem, the author expresses a very poetic concept when he speaks about 'the darkness of the noise' and 'witnesses to the silence'.

"The Naughty Bird" breaks into a harmonious scene on a beautiful day when nature shines in splendor while the birds sing. Its arrival destroys harmony in an instant with the shrill cry and clumsiness of the bird. It suggests that perfection does not exist in nature as well as in human life and that happy moments are fleeting at best.

In "Little Hummingbird", the author refers to the colorful little bird, but may include a loved one who goes to the north leaving his home, who is missed and is expected to return, "even if your feathers change colors and your flying style is different. . ." The tone of this poem is separation and hope. It suggests the true addressee of that longing, adapting to new ways of being and "wears other feathers." On first reading this poem brings to mind "The Dark Swallows" by Gustavo Adolfo Bécquer, but these were indeed spring visitors that reminded the poet that although they come back every year, they are not the same because time passes, circumstances change and the same emotions do not come back. The hummingbird who went to the north may change and might return. I find this poem evocative and well written.

Iliana Sonntag Blay
Librarian Emeritus,
San Diego State University

PRÓLOGO

Carlos Tarrac es un alma sensible y un educador inspirado. En su libro *Otros poemas sencillos* expresa su amor a la naturaleza, a la vida. Sin juegos de palabras ni metáforas inescrutables el poeta nos hace sentir sus sueños, nostalgias, penas y esperanzas.

"La rosa seca", "Soledad", "El pajarraco" y "Pequeña chuparrosa" expresan el sentimiento del autor acerca de una experiencia que nos es común a todos nosotros si abrimos los ojos, si aguzamos nuestros sentidos. Cada uno tiene una enseñanza moral y eso los hace en cierto modo didácticos, dejando sin embargo espacio para la imaginación del lector.

Tomo por ejemplo "La rosa seca", ¿de qué trata? De la vanidad de saberse joven, lozana y de la desilusión de haberse convertido en una caricatura de lo que fue con el pasar del tiempo; lo cual es una enseñanza sobre el paso fugaz de la juventud.

"Soledad" es un poema profundo en el que el protagonista intenta librarse de su soledad sin conseguirlo. Nos hace pensar que todos nacemos solos y necesitamos rodearnos de seres queridos para sobrellevar la soledad que nos acecha. En este poema el autor logra un concepto sumamente poético cuando habla de 'la obscuridad del ruido' y 'testigos del silencio'.

"El pajarraco" irrumpe en una escena armoniosa un hermoso día en que la naturaleza luce en todo su esplendor mientras los pájaros cantan. Su llegada destruye esa armonía en un instante con su grito estridente y su torpeza. Sugiere que la perfección no existe en la naturaleza así como tampoco en la vida humana y el momento feliz puede ser efímero.

En "Pequeña chuparrosa", el autor se dirige al pequeño pajarito multicolor, pero parece evocar un ser querido que parte para el norte dejando su lugar de origen, a quien se echa de menos y se espera volver a ver, "aunque tus plumas cambien de color y tu estilo de volar sea diferente. . ." El tono de este poema es de separación y esperanza. Insinúa que el verdadero destinatario de esa añoranza se adapta a nuevas maneras de ser y "se viste con otras plumas". En una primera lectura este poema trae a la mente "Volverán las oscuras golondrinas" de Gustavo Adolfo Bécquer, pero esas eran en verdad visitantes primaverales que hacen pensar al poeta que aunque vuelvan todos los años, no son las mismas porque el tiempo pasa, las circunstancias cambian y las mismas emociones no retornan. La chuparrosa que se fue al norte puede que cambie pero quizá regrese. Poema evocativo y muy logrado.

Iliana Sonntag Blay
Bibliotecaria Emérita,
San Diego State University

INTRODUCTION

As is well known, poetry is everywhere. The Argentinean poetess Olga Orozco said: "The poet sees the poetic even in the most ordinary things."

More simple poems is the expression of my feelings about personal experiences, based on themes such as loneliness, love, and time, among others. I try to encourage the readers to establish a connection between my poems and their experiences. I let ideas flow through free verse without seeking rhymes intentionally.

The book was written in Spanish and translated into English with a concerted effort to preserve the original essence of the poems. The illustrations consist of my own drawings and photographs as the images often inspire me.

At the end of the book is a basic glossary of poetry terms for readers just beginning to experience the joys of poetry.

Hope you enjoy it. . .

Carlos F. Tarrac

INTRODUCCIÓN

Como es bien sabido, la poesía está en todas partes. La poetisa argentina Olga Orozco decía: "El poeta ve lo poético aun en las cosas más cotidianas".

Otros poemas sencillos es la expresión de mis sentimientos sobre experiencias personales, basadas en temas como la soledad, el amor y el tiempo, entre otros. Intento estimular al lector para que establezca alguna conexión entre mis poemas y sus vivencias. Dejé fluir las ideas a través del verso libre sin buscar rimas intencionalmente.

El libro fue escrito en español y traducido al inglés tratando de conservar la esencia original de los poemas. Las ilustraciones consisten en dibujos y fotografías de mi propia creación, ya que, en ocasiones, las imágenes me sirven de inspiración.

Al final del libro, con el fin de dar al lector novato una idea general de algunos términos utilizados en la poesía, me permití agregar un glosario básico.

Espero que lo disfruten. . .

Carlos F. Tarrac

Dry Rose

How beautiful I was. . .
My exotic red petals
of a texture fine as silk,
opened gently and slowly
like a bouquet of peacock feathers.

A mysterious velvety appearance
illuminated by playful rays of light
crowned the stem and leaves;
my face emulated
a whimsical masterpiece of nature.

The aroma released was so delicate
like the world's finest fragrance,
my freshness was the envy of other roses.
Painters imitated my beauty with their brushes,
photographers immortalized my elegance;
poets wrote verses about me.

Those who saw me, praised my beauty,
all wanted to take me with them.
I became arrogant and pretentious. . .

Suddenly,
my petals darkened
and shone no more,
my leaves became brittle,
the stem was no longer able to hold me straight.

My majesty was reduced,
first to a fleeting memory
then to the inexorable oblivion.

Rosa seca

Qué hermosa fui...
Mis exóticos pétalos rojos
de textura tan fina como la seda,
se abrían suave y lentamente
como un ramillete de plumas de pavo real.

Misteriosa apariencia aterciopelada,
realzada por traviesos rayos de luz
coronaba el tallo y las hojas;
mi semblante emulaba
una caprichosa obra maestra de la naturaleza.

El aroma que despedía era tan agradable
como el de la fragancia más fina del mundo,
mi frescura era la envidia de otras rosas.
Los pintores imitaban mi belleza con sus pinceles;
los fotógrafos inmortalizaban mi elegancia;
los poetas escribían versos sobre mí.

Quienes me veían, elogiaban mi belleza,
todos me querían llevar consigo.
Me volví altiva y pretenciosa...

¡De repente!
Mis pétalos se obscurecieron y
no brillaron más,
mis hojas se volvieron quebradizas,
el tallo ya no me pudo sostener.

Mi majestuosidad quedó reducida,
primero al furtivo recuerdo
y luego al inexorable olvido.

After

After the storm
I see a glow,
that illuminates from behind
the silhouette
of the quiet mountaintop.

I hear the discrete flutter
of a butterfly,
I touch the wind
and feel its murmur
on my skin,
as if it wanted to speak
through my hands
to tell them who it had softly touched. . .
Sometimes with a sharp breeze.

I inhale the damp aroma
left by the rain.
A pleasant warmth
that contrasts
with the evening coolness
as it slowly says goodbye.

Late at night
through the darkness
silence. . .
A moonless night,
that embraces the quiet
of a satisfied heart.

Después

Después de la tormenta
veo un resplandor,
que ilumina por detrás
aquella silueta
de la quieta cima de la montaña.

Escucho el aleteo discreto
de una mariposa,
puedo tocar el viento
y sentir su murmullo
a través de mi piel,
como si quisiera hablar con mis manos
para decirles a quien acarició
suavemente. . .
A veces con abrupta brisa.

Aspiro el aroma a humedad
que dejó la lluvia.
Siento un calor agradable
que contrasta
con la frescura de la tarde
mientras que se despide poco a poco.

Ya entrada la noche
en medio de la obscuridad
el silencio. . .
Como de una noche sin luna,
que abraza la quietud
de un corazón satisfecho.

Loneliness

Solitude, my friend
you have been gone so long,
between celebration and excitement
dressed like a harlequin
hiding in the darkness of the noise.

Dancing among the noisy crowd
appearing like the sun on a cloudy day.
You easily found new friends,
becoming their shadow
quietly following them.

Nobody recognized your face or knew your name
hidden in the shadows of the night.
during the day, under a veil you hid your face
clouding your identity.

When I thought I had forgotten you
I prepared a special feast
to celebrate your absence. . .
You were not on the guest list!

Nevertheless,
you came knocking at my door.
In disbelief I let you in,
to become again
a witness to the silence,
which only you and I can hear.

Soledad

Soledad, amiga mía
hacía tiempo que no venías,
porque entre festejos y algarabía
te disfrazabas de arlequín
escondiéndote en la obscuridad del ruido.

Danzabas entre la muchedumbre ruidosa
apareciendo como el sol en un día nublado.
Encontrabas fácilmente nuevos amigos,
convirtiéndote en su sombra
que silenciosamente los seguía.

Nadie reconocía tu rostro ni sabía tu nombre,
ocultos en la penumbra de la noche;
de día, bajo un velo escondías tu cara
para ensombrecer tu identidad.

Cuando creí que te había olvidado
preparé un festín
para celebrar tu ausencia. . .
¡No estabas en la lista de invitados!

Sin embargo,
llegaste a tocar a mi puerta.
Incrédulo te deje entrar,
para convertirnos otra vez
en testigos del silencio,
que solo tú y yo podemos escuchar.

Learning to Forget You

I want to learn to forget you!
When I smell your perfume on my clothes,
I wash each garment
with a tearing force
to get the aroma to disappear

When I think of you,
I fall asleep to forget you
but sometimes,
I dream of your face
looking at me with possessive tenderness.

I get busy to not think of you,
but often
remembering that song,
that we sang together
to celebrate our union.

At night,
when everything is quiet,
I hear your footsteps getting closer to my door,
and turn up my music
so, I don't fool myself into thinking you arrived.

I just want to learn to forget you
to be able to feel,
that I never knew you!

Aprendiendo a olvidarte

¡Quiero aprender a olvidarte!
Cada vez que huelo tu perfume impregnado en mi ropa,
lavo cada prenda
con fuerza desgarradora
para que el aroma desaparezca.

Cuando pienso en ti,
me duermo para olvidarte
pero a veces,
sueño con tu cara
mirándome con posesiva ternura.

Me mantengo ocupado para no pensar en ti,
aunque frecuentemente
recuerdo aquella canción,
que juntos cantábamos
para celebrar nuestra unión.

De noche
cuando todo está en silencio,
creo escuchar tus pasos acercándose a mi puerta,
subo el volumen de mi música
para no engañarme pensando que llegaste.

Solo quiero aprender a olvidarte
para poder sentir:
¡Que nunca te conocí!

Forgotten Mail

I stopped opening my email;
who knows how long ago. . .

Having forgotten the password,
I asked quietly and loudly
but nobody else knew it.

Failed attempts
did not discourage my foolish insistence
to check the inbox;
about to give up. . .
Eureka! I remembered the password.

A long list of messages appeared;
I did not recognize the names or pseudonyms
of the senders,
nor did I understand the subject messages.

With the zeal of someone looking for a treasure,
I searched the list,
I almost gave up
when I found a name I recognized.

It was yours!
The subject line read:
With love.

Thank you for not forgetting me!

Correo olvidado

Dejé de abrir mi correo electrónico;
quién sabe cuánto tiempo pasó...

Había olvidado la contraseña de acceso
pregunté en silencio y a gritos
pero nadie más la sabía.

Los intentos fallidos
no desanimaron mi necia insistencia
para checar los mensajes recibidos;
a punto de desistir...
¡Eureka! Recordé la contraseña.

Apareció una interminable lista de mensajes,
no reconocía los nombres o seudónimos
de quienes los enviaban,
tampoco comprendía el asunto de su contenido.

Con la avidez de quien busca un tesoro,
recorría la lista,
casi me daba por vencido
cuando encontré un nombre reconocible

¡Era el tuyo!
El asunto del mensaje decía:
Con amor.

¡Gracias por no olvidarme!

Sounds in Time

I went out onto the patio every day,
above was a balcony
which served as a stage.

Sounds and voices rumble,
describing with emotion
the daily life of that family.

Day and night,
an album of sad and happy moments
filled its pages.

Screams, tears, music and more,
dishes in use sounded like a melody,
movies could be heard like a murmur.

I heard the crying of a baby;
the high pitch coming from her throat
suggested she was a girl.

That cry soon became
a mix of babbling with tears
one day she said, "dad."

From babbling to conversations
that evolved
into intricate discussions.

The tone of that voice became deeper
and it made a contrast with the music of the times,
merging with the tears of a teenager
seeking understanding. . .

One day I looked up at the balcony
and saw a young woman,
then I asked myself:

How is it possible that being so close
I had missed
such a unique creature grow?

Sonidos en el tiempo

Salía cada día al patio,
arriba estaba un balcón
que servía de escenario.

Retumbaban sonidos y voces,
describiendo con emoción
la vida cotidiana de aquella familia.

De día y de noche,
un álbum con momentos tristes y festivos
llenaba sus páginas.

Gritos, llantos, música y más,
los trastes en uso sonaban melodiosos,
las películas se escuchaban como un murmullo.

Oía el llanto de un bebé;
el tono agudo que salía de su garganta
me sugería que era una niña.

Ese llanto pronto se transformó
en una combinación de balbuceo con lágrimas,
un día dijo: "Papá".

De balbuceo a conversaciones
que evolucionaron
en intrincadas discusiones.

Aquella voz se hacía más grave
y contrastaba con la música de la época,
se fundía con las lágrimas de un adolescente
en busca de comprensión. . .

Un día miré hacia el balcón
y vi asomarse una joven,
en ese momento me pregunté:

¿Cómo es posible que estando tan cerca
no haya visto crecer
a tan singular criatura?

The Captain

Here comes the captain!
Cried all.
He crossed the threshold of our door
gallantly carrying his uniform of cashmere,
with which he looked so valiant.

I did not understand about armies
nor wars,
but I was excited
to see him unexpectedly come
always haughty and proud.

I would run toward him to greet him
and to remove his cap to wear it.
While the hat's visor covered my face
my only thought was,
when I grow up
I would be a captain
to have a military-style cap
and a helmet too,
to go to war.

El capitán

¡Llegó el capitán!
Gritaban todos,
cruzaba el umbral de nuestra puerta
portando con gallardía su uniforme de casimir,
con el que tan valiente lucía.

Yo no entendía de ejércitos
ni tampoco de guerras,
pero me entusiasmaba
verlo llegar inesperadamente,
siempre altivo y orgulloso.

Corría hacia él para saludarlo
y quitarle su gorra para ponérmela.
Mientras la visera cubría mi cara
solamente pensaba,
que cuando yo creciera
sería un capitán
para tener una gorra de estilo militar
y un casco también,
para ir a la guerra.

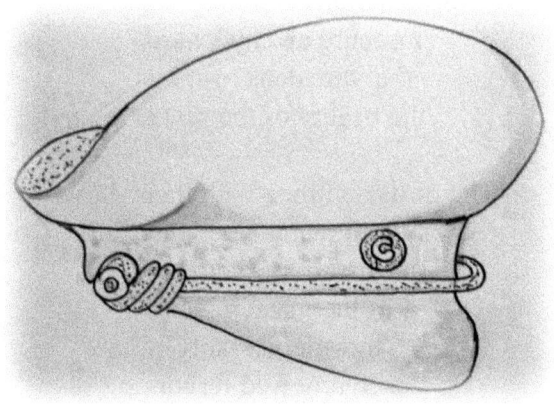

The Naughty Bird

It's a nice and sunny day
birds fly from branch to branch
flying down, swinging,
as acrobats in the circus.

Other birds roam the musical scale
producing harmonious sounds,
as if they had practiced
their impromptu concert.

They masterfully combine
their nice music
and their accidental flight,
instantly painting
a unique scene.

Suddenly
from the background of beautiful melodies,
a loud noise can be heard
with high pitch clashing sounds
lacking harmony.

A creature moves on the ground
to undertake a clumsy flight,
insecure and awkward,
that threatens to spoil
the beauty of the scene.

The birds continue with their show
without allowing a naughty bird
to disturb the cadence
of the masterpiece
they depict daily
with renewed fervor.

El pajarraco

Es un día agradable y soleado
las aves vuelan de rama en rama
columpiándose al bajar
como trapecistas en el circo.

Otros pájaros recorren la escala musical
produciendo sonidos armoniosos,
como si hubiesen practicado
su improvisado concierto.

Combinan magistralmente
su agradable música
y el vuelo accidental,
pintando instantáneamente
una escena singular.

Repentinamente
al fondo de las bellas melodías,
se escucha un estruendo
con sonidos altos y desentonados
carentes de armonía.

Una criatura avanza por el suelo
para emprender un vuelo torpe,
inseguro y sin gracia,
que amenaza con estropear
la belleza de la escena.

Las aves continúan con su espectáculo
sin dejar que un pajarraco
le quite su candor a la obra maestra
que pintan diariamente
con renovado fervor.

Glasses at Sea

Two glasses
that once toasted for love
on the seashore,
will remain empty
and without owner.

As the shells
of those snails
that one time
joined their destiny,
leaving behind as witnesses
two shells with a design
engraved like a spiral
longing to go back in time.

Those empty objects
will be washed away by the stream
to rest on the bottom of the sea,
where little by little
they will be covered by the sand
that once caressed the feet
of two lovers,
walking on the beach
holding the glasses
without fear or shame.

What will never be erased
is their names
engraved by the grinding wheel
because they will silently keep
the secret of hope,
drowned forever
at the bottom of the sea.

Copas en el mar

Dos copas
que brindaron por el amor
a la orilla del mar,
permanecerán vacías
y sin dueño.

Parecerán las conchas
de aquellos caracoles
que una vez
unieron su destino,
dejando como testimonio
dos conchas con un diseño
grabado en espiral
queriendo retroceder el tiempo.

Esos objetos vacíos
serán arrastrados por la corriente
para descansar en el fondo del mar,
donde poco a poco
se cubrirán con la arena
que una vez acarició los pies
de dos enamorados,
caminando por la playa
sosteniendo las copas
sin timidez ni pena.

Lo que nunca se borrará
serán sus nombres
que el esmeril grabó en su exterior
porque callados conservarán
el secreto de una esperanza,
ahogada para siempre
en el fondo del mar.

Waiting for your Absence

I was waiting for you
with an irrepressible enthusiasm
like new love
radiating hope.

As the moment drew near
for your long-awaited arrival,
I hurried to be ready
so that everything was to your liking.

Any time now
you would announce your arrival,
with the usual splendor
and would cross the threshold of my door
with a stunning queen's look.

The moment did not arrive,
but I was happy
to have a few more minutes,
to prepare to give you
a spectacular welcome.

Time passed. . .
I consoled myself by thinking
that the delay was involuntary. . .

Whenever I heard a sound
I ran to the door to open it,
but it was not you.

Wanting to believe
that the next minute would be different,
but you didn't come!

As time went by . . .
The illusion became disappointment,
the anticipation disillusion
and the excitement a depression,
joy turned to gloom.

My body was sweaty and felt warm
as if I had been burned by the fire,
the consolation became anger,
dinner got cold, the candle blew out
and the red rose withered.

I'm still here, waiting,
calm, resigned,
suffering from your absence.

Esperando tu ausencia

Te esperaba
con entusiasmo irreprimible,
como el de un nuevo amor
irradiando esperanza.

Al acercarse el momento
de tu ansiada llegada,
me apuraba para estar listo
y que todo estuviera a tu gusto.

De un momento a otro
anunciarías tu llegada,
con la pompa de siempre
y cruzarías el umbral de mi puerta
luciendo como una reina deslumbrante.

El momento no llegaba,
pero me alegraba
por tener unos minutos más,
para prepararme a regalarte
un recibimiento espectacular.

El tiempo pasaba...
Me consolaba al pensar
que todo se debía a un retraso involuntario...

Cada vez que oía un sonido
corría hacia la puerta para verla abrirse,
pero no eras tú.

Quería creer
que el próximo minuto sería diferente...
¡Pero no llegabas!

Al pasar más tiempo...
La ilusión se convertía en decepción,
la anticipación en desilusión
y el entusiasmo en depresión,
la alegría en tristeza.

Mi cuerpo sudaba y sentía calor
como si el fuego lo quemara,
el consuelo se transformó en enojo,
la cena se enfrió, la vela se apagó
y la rosa roja se marchitó.

Sigo aquí esperando,
calmado, resignado,
sufriendo por tu ausencia.

Return

I'm outside of my world
like a fish in uncharted waters;
feeling like a stranger
in the land where I was born.

The window of the bus
paints a showcase of contrasts,
huts on one side
mansions on the other.

The sea to the west
makes no difference between social classes
and changes its color for no one,
it was there before and will remain,
the sea doesn't care who passes by.

While it gets dark,
flickering lights
dance with each other
a dance without rhythm.

My dreams blend into a darkness
that does not allow me to distinguish
the beautiful from the dull,
reality and fantasy.

Near my destination
I open my eyes and watch the hills
that my ancestors worshipped.

I watch the sunrise
from a solitary station,
where no one is waiting for me,
from there I can see the village's church

that stands solemn
before locals and visitors.

Although I am a different person,
the years have not erased the love
I have for this place.
I feel strange
in a place so familiar!

De regreso

Estoy fuera de mi mundo
como un pez en aguas desconocidas;
me siento extranjero
en el país que me vio nacer.

La ventana del autobús
pinta un muestrario de contrastes,
de un lado chozas
del otro mansiones.

El mar hacia el oeste
no diferencía clases sociales
ni cambia de color ante nadie,
ahí estaba antes y permanecerá
sin importarle quien pase por ahí.

Mientras obscurece
titilan las luces,
bailando entre si
una danza sin ritmo.

Mis sueños se funden con la obscuridad
que no me permite distinguir
lo bello de lo deslucido,
la realidad y la fantasía.

Cerca de mi destino
abro los ojos y miro las colinas
que veneraron mis antepasados.

Observo el amanecer
desde una estación solitaria,
donde no hay nadie esperándome,
desde ahí se aprecia la iglesia del pueblo

que se yergue solemne
ante locales y visitantes.

Aunque soy una persona diferente,
los años no han borrado el cariño
que le tengo a este lugar.
¡Me siento extraño
en un lugar tan conocido!

Please Call Back Later

"We are sorry, all the circuits are busy;
please try your call later."

This can't be happening!
There is no time to try again later.
It's now or never,
here or nowhere else.

"Blip, blip, blip. . .
the lines are still busy,
please be patient."

"Time is up,
please try your call later."
What?

It is too late now,
there is no later. . .
It is all over!

Everything seems to be the same
as it was before the lines were busy,
but now,
busy circuits or lines don't matter any more,
"later" has passed for me.

Favor de llamar más tarde

—Lo sentimos, todas las líneas están ocupadas,
favor de llamar más tarde.

!Esto no puede estar sucediendo!
No hay tiempo para intentarlo más tarde
es ahora o nunca,
aquí o en ninguna otra parte.

—Tu, tu, tu. . .
las líneas siguen ocupadas,
por favor sea paciente.

—Tiempo transcurrido,
por favor intente su llamada más tarde.
¿Qué?

Ahora es demasiado tarde,
no hay después . . .
¡Todo ha terminado!

Todo aparenta estar igual
que antes de que las líneas se ocuparan,
pero ahora,
los circuitos o líneas ocupadas ya no importan,
"más tarde" ha transcurrido para mí.

One More Moment

I stubbornly hold on to you,
begging for one more moment with you,
as if that could fill the void
you will leave in my life.

I try to memorize your presence,
so that when it's time for your departure,
I can cope with your absence.

I long to close my eyes and feel again,
the wonderful times
I had with you.

May your steps lead to better places
and in a corner of your soul,
you keep a memory of me,
as vivid as the one I will treasure
forever in my heart.

Un instante más

Neciamente me aferro a ti,
implorando un instante más a tu lado,
como si eso pudiera llenar el vacío
que en mi vida dejarás.

Trato de memorizar tu presencia,
para que cuando llegue el momento de tu partida,
pueda sobrellevar tu ausencia.

Anhelo cerrar mis ojos y poder volver a sentir,
los maravillosos momentos
que junto contigo viví.

Que tus pasos te lleven a mejores lares
y que en un rinconcito del alma,
tengas un recuerdo de mí,
tan vívido como el que yo atesoraré
por siempre en mi corazón.

I Want to Tell You

If you're not with me
I feel a great void
as if I were missing
a piece of myself.

Knowing that you think of me
relieves my sorrow,
longing for you to come back to me
makes me sigh.

Every minute near you
excites my soul
with an unexpected strength
I never thought I'd feel again.

When we're together
I wish time could stop
to stay with you
today, tomorrow and always.

God bless you
for giving me hope and confidence.

Before going to sleep I want to tell you:
I am overwhelmed by the pleasure
of being able to see, hear, and caress you,
even if it is only in my dreams.

Te quiero decir

Si no estás conmigo
siento un gran vacío
como si me faltara
un pedazo de mi mismo.

Saber que piensas en mí
alivia mi pesar,
la añoranza de que vuelvas a mí,
me hace suspirar.

Un minuto más cerca de ti
entusiasma mi alma
con la fortaleza inesperada
que nunca creí volver a sentir.

Cuando estamos juntos
quisiera que el tiempo se detuviera
para contigo permanecer
hoy, mañana y siempre.

Que Dios te bendiga vida
por prestarme esperanza y
regalarme confianza.

Antes de dormir te quiero decir:
Que no puedo contener el placer
de poderte ver, oír, y acariciar,
aunque sea en mi soñar.

Small Hummingbird

Don't think that I have forgotten you
just because you don't stop in front of my window
when you come to the south,
nor think that because you are not here
I don't remember your great agility.

If you think
flying more and more towards the north will keep us apart
until we forget each other,
you are wrong dear!
Your fine presence will always be remembered.

Even if your feathers change colors
and your flying style is different,
the happiness you once made me feel
will always be a vivid memory in my mind.

I will never be indifferent to the hope that someday,
you fly toward my window to enlighten me again
and let me hear the sound coming from your wings
while you suspend yourself in the air
with great elegance and style.

So, don't wave your wings in front of another window
if it is not mine.

Pequeña chuparrosa

No creas que te olvido
porque ya no te detienes en mi ventana
cuando vienes al sur;
tampoco pienses que porque estás ausente
no recuerdo tu bella agilidad.

Si crees
que volar más y más hacia el norte nos alejará
hasta llevarnos a la nube del olvido,
¡Te equivocas querida!
Ya que tu fina presencia siempre perdurará.

Aunque tus plumas cambien de color
y tu estilo de volar sea diferente,
la alegría que un día me hiciste sentir
será siempre un vívido recuerdo en mi mente.

Nunca seré indiferente a la esperanza de que algún día,
vueles hacia mi ventana para iluminarla nuevamente
y me dejes escuchar el rápido vaivén de tus alas,
mientras te suspendes en el aire
con gran estilo y elegancia.

No aletees frente a otra ventana,
si no es la mía.

Distraction

I'm going to distract myself
to escape from your memory,
I'll look the other way
to pretend
you were not here.

The months on the calendar I'll erase,
to forget the day
when our lives crossed paths.

I'm going to distract myself
as if that
could erase you from my memory,
pretending that I haven't met you,
that I never saw you,
that you existed only in my dreams.

I will distract myself
to forget you,
despite your name
still written in my heart,
while pretending I do not know it.

Me voy a aturdir

Me voy a aturdir
para huir de tu recuerdo,
miraré hacia otro lado
para pretender
que no estuviste aquí.

Voy a borrar los meses del calendario,
para no pensar en el día
en que nuestras vidas se cruzaron.

Me voy a aturdir
como si eso
te borrase de mi memoria,
voy a pensar que no te conocí,
que nunca te vi
que solo exististe en mis sueños.

Me aturdiré
para olvidarte,
no importa que tu nombre
quede escrito en mi corazón,
mientras yo no lo sepa.

GLOSSARY

This glossary is intended to present some poetry terms in a simplified way, to give the novice reader a general idea of them.

Poem: Text generally written in verse that expresses ideas, experiences and emotions through rhymes, metaphors, similes and other literary figures.

Verse: Each line of a stanza.

Stanza: A group of lines in which a poem is divided.

Free verse: When there is no rhyme between verses. The number and size of stanzas varies by author.

Metric: Order and structure of the verses that match the number of syllables they have.

Rhyme: Repetition of sounds at the end of some verses.

Syllable: Each of the sounds produced at once to utter a word. Lyric Poetry: Expresses personal feelings or thoughts of the author. Narrative Poetry: Tells a story, whether real or imagined.

Simile: comparison or similarity between a real and an imaginary term, using the words "like" or "as". In "The Naughty Bird" the flight of the birds is compared to the movement of circus trapeze artists.

> It's a nice and sunny day
> birds fly from branch to branch
> flying down, swinging
> as acrobats in the circus.

Metaphor: As the simile, compares terms but without using "like" or "as." In this verse of "Loneliness", loneliness is compared with a person.

> Nevertheless,
> you came knocking at my door.
> In disbelief I let you in,
> to become again
> a witness to the silence,
> which only you and I can hear.

Onomatopoeia: Word that imitates sounds. In "Please Call Back Later", "blip, blip, blip" is the representation of the sound of a phone's busy line.

Sensory Image: Used by poets to stimulate the reader's senses (hearing, sight, smell, taste and touch), to imagine sounds, colors, aromas, flavors, etc.

GLOSARIO

Este glosario pretende presentar algunos términos utilizados en la poesía de una manera simplificada, para dar al lector novato una idea muy general de los mismos.

Poema: Texto escrito generalmente en verso que expresa ideas, experiencias o emociones por medio de rimas, metáforas, símiles y otras figuras literarias.

Verso: Cada línea de una estrofa.

Estrofa: Grupo de versos en que se divide un poema.

Verso libre: Cuando no hay rima entre los versos. El número y tamaño de las estrofas varía según el autor.

Métrica: Orden y estructura de los versos que coincide con el número de sílabas que tienen.

Rima: Repetición de sonidos al final de algunos versos, a partir de la última vocal tónica. En el poema "Aprendiendo a olvidarte" hay una rima entre canción y unión.

> Recuerdo aquella canción,
> que juntos cantábamos
> para celebrar nuestra unión.

Sílaba: Cada uno de los sonidos producidos de una sola vez al pronunciar una palabra.
Sí-la-ba.

Sílaba tónica: La sílaba que es pronunciada con mayor intensidad que las demás en una palabra. **Se**-ca, bal-**cón**, o-cu-**pa**-da, so-**ni**-do, **lá**-gri-mas, res-**pe**-to, con-**tras**-te.

Poesía lírica: Expresa sentimientos personales o reflexiones del autor.

Poesía narrativa: Cuenta una historia ya sea real o imaginaria.

Símil: Comparación o semejanza entre un término real y otro imaginario, utilizando las palabras "como", "cual", "que" o "se asemeja a". En "El pajarraco" el vuelo de las aves se compara con el movimiento de los trapecistas del circo.

> Es un día agradable y soleado
> las aves vuelan de rama en rama
> columpiándose al bajar
> **como** trapecistas en el circo.

Metáfora: Al igual que el símil, compara términos pero sin utilizar "como". En ésta estrofa de "Soledad", se compara la soledad con una persona.

> Sin embargo,
> llegaste a tocar a mi puerta.
> Incrédulo te deje entrar,
> para convertirnos otra vez
> en testigos del silencio,
> que solo tú y yo podemos escuchar.

Onomatopeya: Palabra que imita sonidos. En "Favor de llamar más tarde" "tu, tu, tu" es la representación del sonido de una línea telefónica ocupada.

Imagen sensorial: Utilizada por los poetas para estimular los cinco sentidos del lector (el oído, la vista, el olfato, el gusto y el tacto), para que se imagine sonidos, colores, aromas, sabores, etc.

www.ingramcontent.com/pod-product-compliance
Lightning Source LLC
Chambersburg PA
CBHW061248040426
42444CB00010B/2294